Reinaldo Domingos e Mauricio de Sousa

Turma da Mônica Jovem

O sumiço do Cebola

Participação especial: Nico

Mauricio de Sousa Editora

editora dsop

O não projeto

1

Apesar da tarde de sol e de estarem no parque do bairro do Limoeiro, Mônica, Magali, Cascão e Cebola não pareciam tão animados. Mônica estava ansiosa, porque Rubens, o professor de Ciências, tinha passado o trabalho mais importante do ano havia mais de um mês e ninguém de seu grupo tinha tido uma ideia brilhante sobre o que fazer.

– Aliás, nenhuma ideia. Nem uma pequenininha.

– Mônica, não adianta se irritar. A gente não teve nenhuma ideia, mas você também não – já foi se defendendo Cascão.

– Não estou irritada com vocês, só estou preocupada.

– A gente vai ter uma ideia... – suspirou Magali. – Em algum momento a gente vai ter.

Enquanto os três rabiscavam papéis e pensavam, Cebola não desgrudava os olhos do celular.

– É melhor que sim, porque o tempo está... – Mônica percebeu que Cebola não estava prestando a menor atenção. – Cebola!

Cebola tomou um susto e quase deixou cair o celular.

– Quanta agressividade, Mô!

– Agressividade? Falta pouco mais de três meses pra feira de ciências e tecnologia, e qual projeto a gente desenvolveu? Ou está desenvolvendo? Nenhum. Qual ideia tivemos?

– Já sei, nenhuma – interrompeu Cebola. – Tá, Mô, eu entendi.

– E você tinha dito que teria uma ideia brilhante, um projeto fantástico... – continuou, sarcasticamente, Mônica. – E, até agora, o máximo que fez foi chegar atrasado às nossas reuniões.

– Tô trabalhando nisso.

– Jura, Cê? – falou Magali, animada, tentando evitar que a reunião se tornasse uma discussão sem fim. – Conta pra gente.

– Quero fazer uns testes antes.

– Sei. E sobre o que é? – perguntou Mônica, incrédula.

– É... É sobre energia – Cebola engasgou. – Transporte.

– Transporte de energia? – quis saber Magali, sem entender exatamente o que Cebola queria dizer.

– Mais ou menos. Por falar nisso, eu preciso ir.

Cebola começou a guardar suas coisas na mochila.

– Como assim, Careca? Já? – Cascão largou suas anotações e olhou chateado para o amigo.

– Galera, é pro projeto, garanto pra vocês.

Cebola levantou-se.

– Se é pro projeto, você pode falar – Mônica também se levantou, parou na frente de Cebola e cruzou os braços. – Assim a gente ajuda você.

– Ainda preciso resolver uns detalhes, já falei que... – Cebola deu a volta na Mônica e foi se afastando. – Quando estiver tudo mais... hã... desenvolvido, eu falo.

Cebola saiu andando rápido, e Mônica, gritando atrás dele.

– É um trabalho em grupo! Você sabe disso, né?

Cebola acenou e sumiu da vista.

– Tá misterioso, né? – comentou Magali.

– Tá muito folgado pro meu gosto! E escondendo algo! – Mônica estava indignada e andava de um lado para o outro.

Cascão riu sozinho.

– O que foi?

– Nada, Magá, é que o Cebola ficava exatamente assim quando estava bolando um dos seus planos infalíveis.

Mônica lançou um olhar fulminante para Cascão. Magali, percebendo o perigo de a amiga sair correndo atrás dele, retomou o assunto.

– E se a gente conversasse com o Franja sobre o nosso projeto?

– A falta de um projeto, você quer dizer... – respondeu Mônica.

– Ele poderia sugerir alguma coisa – insistiu Magali. – Quem melhor do que ele para ter ideias de ciências, tecnologia e máquinas que não dão tão certo...

– O Franja tá de férias, num encontro de jovens cientistas, ou algo assim.

– Ah, Cascão, mas a gente poderia mandar uma mensagem pra ele. Muito chato?

– Sem chance, Magali. Ele tá sem nenhuma comunicação. Telefone, internet, nada. Nem com a Marina ele tem falado – avisou Mônica.

Os três ficaram quietos por um tempo, pensando. Até que Cascão pareceu animado:

– Sobre esse lance que o Cebola falou. E se fizéssemos algo com energia solar?

– Como o quê?

– Mô, podíamos fazer alguma máquina que funcionasse com energia solar... a gente colocaria painéis que carregariam... seu celular, por exemplo.

– Mas isso todo mundo já conhece, Cascão! Precisaremos de alguma coisa realmente inovadora se quisermos ganhar esse prêmio. Pensem: a viagem!

– Preferiria que fosse pra estação espacial – respondeu Cascão, um pouco emburrado.

– Ah, Cascão! Deve ser incrível. Quase ninguém foi à estação subaquática. Ver o fundo do oceano Atlântico, debaixo da água!

– Exatamente, Magá! Debaixo! Da! Água!

– Cascão, você sabe que a estação é isolada. Pensei que já tivesse superado isso.

– Uma coisa é superar, outra é ficar numa bolha de vidro gigante no fundo do mar.

Magali e Mônica riram.

– Mas, mesmo assim, claro que eu tô a fim de ganhar esse prêmio. Acho que algo com energias limpas e renováveis pode ser uma boa – continuou.

– Eu concordo, mas não só isso. Temos que pensar em algo a mais – disse Mônica.

– Bem que poderia ser verdade a história do Cebola, né? E se ele realmente tiver algum plano bom, e não maluco, pro projeto?

– Quer saber, Magá? A gente deveria tirar isso a limpo. Vamos lá ver o que de tão importante ele está fazendo – Mônica já foi se levantando de novo.

Os três pegaram suas coisas e foram procurar Cebola na casa dele. Quando estavam quase lá, Mônica parou de repente e ficou olhando para a janela do quarto de Cebola.

– O que foi?

– Você viu aquilo, Cascão?

– O quê? – perguntaram Cascão e Magali juntos.

– Tem uma pessoa com ele! – apontou Mônica.

– Não tô vendo ninguém além do Cebola – comentou Magali, que se esticou para ver melhor.

– Eu acho... não pode ser, mas parecia tanto.

– Quem, Mônica? – Cascão continuou indo até o portão da casa e tocou a campainha.

– O Nico.

– Nico? – perguntou Magali.

A mãe do Cebola apareceu na janela e gritou pelo filho.

– Sim, aquele meu amigo de Guatinga. O avô dele é amigo do meu pai – respondeu Mônica.

– Ô, Mônica, claro que a gente lembra do Nico! Ele ajudou a gente uns meses atrás. Mas o que ele estaria fazendo...

Cascão foi interrompido por Cebola, ofegante, abrindo a porta.

– E aí, galera, o que houve?

– O Nico tá aí, Cebola? – Mônica perguntou e já foi entrando.

Cascão e Magali seguiram a Mônica.

– Nico? – Cebola continuava ofegante.

– É, Cebola, o Nico.

– Mô, mas por que ele estaria aqui?

– Essa é uma ótima pergunta. Eu vi o Nico pela janela do seu quarto.

– Você deveria relaxar um pouco, Mônica. Está até tendo alucinação...

– Há, há, há! Será? Você que anda cheio de segredinhos.

– Isso é verdade, Careca, você tá todo misterioso – complementou Cascão.

– Ué, então vão lá ver se tem alguém no meu quarto.

Os quatro foram até o quarto de Cebola, mas não encontraram ninguém. Mônica ficou decepcionada, mas não convencida.

– Tá, posso ter me enganado. Mas cadê o projeto em que você está trabalhando para a feira? Queremos resolver isso logo, Cebola!

– Eu sei. Mas não vou mostrar antes da hora.

Dona Cebola entrou no quarto, cumprimentou os três amigos do filho, disse que iria ao mercado e saiu de casa.

– A gente tá indo também, mãe – gritou Cebola para a mãe e foi puxando os amigos do quarto.

– Estamos? – perguntou Cascão, sem entender nada.

– Sim, preciso passar na casa do Xaveco. Fiquei de ajudá-lo com o computador.

– Sei – replicou Mônica. – Vamos, pessoal. Tá na cara que não somos bem-vindos aqui.

Os quatro saíram. Mônica foi para a sua casa pensando como o comportamento esquisito do Cebola poderia estar relacionado ao Nico.

Um amigo distante 2

Dias depois, Mônica continuava cismada com as esquisitices de Cebola e resolveu passar pela casa dele antes de ir ao colégio. Talvez ele estivesse metido em alguma confusão! Então, era melhor ter certeza de que não havia nada acontecendo. Só que, ao se aproximar, Mônica teve a impressão de ter visto Nico, de novo! A garota chegou bem perto da janela e gritou:

– Nico?! Nico?!

– Tá doida? Ainda com essa história? – quem apareceu na janela foi o Cebola.

– Pensei ter visto ele.

– O que você está fazendo aqui? Não vai pra aula?

– Vou! Passei por aqui pra... irmos juntos.

– Ah... Peraí.

Cebola apareceu, pronto, no portão de casa.

– Certeza de que o Nico não está aí?

– Claro! Ele tem aula também, né? E na cidade onde mora!

Por mais que Cebola negasse, Mônica tinha certeza do que tinha visto. E já que Cebola não queria contar, ela falaria com Nico. À tarde, quando voltou para casa, a garota mandou uma mensagem de voz pra ele. Afinal, Nico era amigo dela, e não do Cebola. Se tivesse algo acontecendo, com certeza ele lhe contaria. Mônica contou do projeto da feira de ciências e tecnologia e, como quem não quisesse nada, mencionou que teve a impressão de tê-lo visto no Limoeiro duas vezes recentemente.

No dia seguinte, Mônica, Magali, Cascão e Cebola tinham combinado de ficar até mais tarde para conversar sobre o projeto. Enquanto os três esperavam Cebola chegar, já que ele tinha sumido depois da aula, Mônica viu que Nico respondeu à sua mensagem.

– Ouçam essa!

– O quê? – quis saber Cascão.

– Eu falei na mensagem que tive a impressão de ter visto o Nico na casa do Cebola, e ele simplesmente ignorou esse fato!

– Ah, Mô, e daí? Ele pode ter esquecido – respondeu Magali.

– Ou achou que era só um comentário, que você nem estava esperando resposta – riu Cascão.

– Ou... Ele estava mesmo aqui e não quis me contar.

– Mônica, mas isso não faz o menor sentido! Por que ele estaria aqui e não procuraria por você? – quis saber Magali.

– E como ele sairia de Guatinga tantas vezes? – perguntou Cascão, que pegou o celular de Mônica para ouvir de novo a mensagem.

– Eu não sei, não sei. Mas sei o que vi.

– O que você acha que viu... – Cascão respondeu e, quando percebeu que Mônica ia replicar, emendou: – Você ouviu a ideia que ele sugeriu na mensagem? De usar aquele esquema que ele ensinou pra gente resolver o nosso projeto?

– Vi, achei uma boa, mas não é o que importa agora. O que interessa é: como ele estava na casa do Cebola e como...

Magali interrompeu a amiga delicadamente, pois ela estava indo longe demais.

– Mô, o que importa é o nosso trabalho, lembra? E não se o Nico estava ou não aqui e o que o Cebola faz ou deixa de fazer!

– Mas, Magá... tem alguma coisa acontecendo.

– E se tiver? E se o Nico estivesse mesmo na casa do Cebola, e eles não quisessem que você soubesse? Qual seria o problema? É um direito deles...

– O problema, o problema... – falou Mônica, tentando pensar rápido numa resposta. – O problema é que o Cebola não está ajudando no projeto! Onde ele foi parar? Por que não está aqui?

– Tá, eu até concordo que isso é um problema, mas, enquanto o Careca não aparece, vamos tentar resolver alguma coisa.

– Boa, Cascão, o que o Nico sugeriu? – Magali aproveitou para tentar levar a conversa para algo mais produtivo.

– Ele disse pra gente usar aquele esquema do avô dele: ver o que a gente quer, ou seja, nosso sonho, como ele chama.

– Ganhar a viagem!

– Isso, Magá. Então, vamos diagnosticar o que a gente precisa pra isso – continuou Cascão.

– Um projeto incrível que mereça ganhar – Magali respondeu, já que a Mônica parecia nem ouvir o que eles conversavam.

AS PRÓXIMAS DUAS ETAPAS SÃO ORÇAR, VER COMO PRODUZIREMOS E SE TUDO ESTÁ DENTRO DE UM ORÇAMENTO POSSÍVEL PARA NOSSAS VERBAS, E DEPOIS POUPAR. PARA ISSO, A GENTE TEM QUE SE ORGANIZAR PRA CONSEGUIR OS MATERIAIS NECESSÁRIOS, O DINHEIRO, AS HORAS QUE VAMOS GASTAR FAZENDO O PROJETO.

– Boa, aí as próximas duas etapas são orçar, ver como produziremos e se tudo está dentro de um orçamento possível para nossas verbas, e depois poupar. Para isso, a gente tem que se organizar pra conseguir os materiais necessários, o dinheiro, as horas que vamos gastar fazendo o projeto.

– Uau, nós super podemos usar esse passo a passo, mas antes disso precisamos saber o que vamos fazer... – Magali pensou um pouco. – E se montássemos algo não só com a energia solar, mas com várias energias renováveis?

– Tipo uma miniusina com várias fontes?

– É! De repente, o suficiente pra uma casa ou algumas horas de bateria de celular. Não sei, algo útil.

– Gente, cadê o Cebola? – Mônica interrompeu Magali e pegou o celular da mão do Cascão.

– Você ouviu o que a gente tava discutindo?

– Ouvi, Magá! Energia, usina... Mas ele não pode deixar tudo nas nossas costas. Vou procurar o Cebola.

– Isso. Vai, Mônica, e deixa tudo nas nossas costas – reclamou Cascão.

– Vou e volto com ele! Daí, nós dois vamos ajudar.

Mônica foi de novo até a casa de Cebola. Mas ele não estava. Ela procurou na sorveteria, na padaria, no parque, na casa do Xaveco...

Horas depois, nada do Cebola em nenhum lugar do Limoeiro. Ele tinha simplesmente sumido. Mônica voltou para sua casa irritada porque o Cebola não apareceu na reunião. Ela, então, lhe enviou uma mensagem de texto. Cebola respondeu que estava em casa. Mas como, se ela tinha ido até lá?

– A gente deve ter se desencontrado – Cebola argumentou.

Mônica tinha certeza de que Cebola estava aprontando alguma coisa e se mostrava cada vez mais determinada a descobrir o que era. A resposta veio quando ela menos imaginava.

Dias depois, Mônica combinou de encontrar Magali na Padaria do Quim e, ao passar em frente à casa do Franja, percebeu que a porta da garagem estava entreaberta. Ela sabia que o Franja ainda estava de férias e não era para ter ninguém lá. À medida que se aproximava para fechar a porta, Mônica ouviu as vozes de Cebola e... Nico!

– Não, Cebola! A gente não pode fazer isso.

– Olha esses níveis de energia, Nico. A gente precisa fazer o teste.

– Não! Vai saber quem vai estar... – Nico saiu da garagem e deu de cara com a Mônica na porta.

– Isso é uma besteira... – Cebola saiu atrás e se deu conta do que estava acontecendo.

– Nico! Achei mesmo que tinha ouvido sua voz e a do Cebola também – falou Mônica, parando em frente aos dois e cruzando os braços. – Posso saber o que está acontecendo?

– É q-que... – Nico gaguejou.

– Nada, Mô. Eu chamei o Nico para me ajudar com o projeto. Foi isso. Ele é bom de planejamento, né? Sabe, realizar sonhos e tal. Achei que era útil a participação dele na estruturação do projeto da feira.

– E faz tempo que você chegou, Nico?

– Não, ele chegou hoje – Cebola respondeu antes do amigo.

– Sei. E o que vocês estão fazendo na casa do Franja?

– Estamos fazendo uns testes no computador dele.

– Que testes? E do que vocês estavam falando? Vai ficar quanto tempo, Nico?

– Nossa, Mônica! Quantas perguntas! Deixa o menino respirar. Faz um tempo que vocês não se veem, né? Você nem deu oi pra ele.

Mônica percebeu que estava pegando pesado com Nico, que ela conhecia desde pequena, e tentou reparar o erro:

– Oi, Nico! Desculpa, como você tá? Fiquei feliz de te ver!

– Oi... – Nico riu, mas parecia um pouco nervoso. – Eu tô bem, e você? Então, vim ajudar o Cebola.

– E você nem ia me visitar?

Cebola e Nico olhavam incrédulos um para o outro.

– Claro que ia!

– Mô? Aonde você tava indo? – quis saber Cebola, tentando cortar a conversa.

– Encontrar a Magali – Mônica olhou para os dois e falou animada. – Nico! Já que você veio por causa do projeto, então foi pra ajudar o nosso grupo. Venha comigo encontrar a Magali. Cebola, você pode chamar o Cascão e a gente aproveita pra fazer uma reunião?

– Então, Mô, o Nico e eu, a gente já tinha...

Mônica interrompeu Cebola antes que ele pudesse terminar.

– Cebola, faz séculos que você não participa de nenhuma reunião. Se o Nico veio pra ajudar no planejamento do projeto, nada mais justo que todos participassem.

Cebola percebeu que não ia ter saída e concordou com a Mônica. Então, ele e Nico fizeram como Mônica sugeriu e, um tempo depois, os cinco estavam na Padaria do Quim conversando sobre o projeto para a feira de ciências e tecnologia.

– Então – continuou Cascão. – Pensamos em montar uma miniestação de energia limpa e renovável e usar a força gerada por ela pra fornecer energia pra alguns aparelhos de uma casa.

– Estamos animados – completou Magali. – Achamos que esse projeto, se o fizermos funcionar, pode mesmo ganhar o prêmio.

– E já começaram a produzir essa estação? – quis saber Nico.

– Essa é a primeira vez que conseguimos reunir o grupo todo e falar sobre isso – disse Cascão, cruzando os braços e olhando feio para o Cebola e para a Mônica.

ORIENTAÇÃO DO NICO

VOCÊS JÁ TÊM UM SONHO: GANHAR A FEIRA FAZENDO O PROJETO DA MINIESTAÇÃO. AGORA, PRECISAM DIAGNOSTICAR OS MATERIAIS PARA FAZER A ESTAÇÃO, VER QUANTO VÃO PRECISAR DE CADA COISA, ONDE VÃO INSTALAR, SE SABEM FAZER ISSO E ASSIM INICIAREM COM OS DEMAIS PASSOS.

PROCUREM SABER QUANTO CUSTA TUDO O QUE SERÁ NECESSÁRIO OU COMO VÃO CONSEGUIR ESSES MATERIAIS. VERIFIQUEM, ANTES DE COMPRAR QUALQUER COISA, SE PODEM REUTILIZAR MATERIAIS QUE JÁ TENHAM. E O QUE NÃO DER PRA REUTILIZAR POUPEM PRA COMPRAR.

Os amigos começaram a se explicar, e Magali, para evitar uma discussão inútil, cortou os dois:

– Então, Nico. Você acha que dá pra usar seu método aqui?

– Dá, sim! Vocês já têm um sonho: ganhar a feira fazendo o projeto da miniestação. Agora, precisam diagnosticar o que possuem e o que vão gastar, ou seja, as entradas e as saídas dos materiais pra fazer a estação, ver quanto vão precisar de cada coisa, onde vão instalar, se sabem fazer isso e assim iniciarem com os demais passos.

– Beleza, isso a gente já viu – Cascão se animou com a conversa.

– Já? – perguntou Cebola. Mônica deu um cutucão para ele ficar quieto e não piorar as coisas.

– Depois procurem saber se o valor que necessitam cabe no orçamento de vocês ou como vão conseguir esses materiais. Verifiquem, antes de comprar qualquer coisa, se podem reutilizar materiais que já tenham. E o que não der pra reutilizar poupem pra comprar.

– Viu, Cascão? Era como você tinha dito – falou Magali, animada.

– Cebola, e qual era a sua grande ideia? – interrompeu Mônica.

– Jura, Mônica? – Cascão perguntou, aborrecido com a intromissão da amiga.

– Ué, ele sumiu tanto tempo porque disse que tinha um projeto que envolvia energia...

– Envolve, mas ainda não tá pronto – se desculpou Cebola. – Acho que mais uns dias...

Nico deu uma olhada para Cebola, mas o amigo fez um sinal para que ele ficasse quieto, sem que nenhum dos outros da turma percebesse.

– Cê, na sexta-feira que vem você entrega, beleza. – desafiou Mônica.

Sem saída, Cebola concordou.

– Agora a gente pode dar atenção ao projeto que estamos fazendo mesmo? – perguntou Magali.

Todos concordaram. Eles continuaram conversando sobre os materiais que iriam precisar para construir a miniestação de energia. Nico ajudou os quatro amigos e disse que eles poderiam também conversar com o avô dele, Amadeu, que era muito bom em bolar estratégias. Durante aquela semana, o grupo falou com o avô de Nico, e Mônica percebeu que seu Amadeu não sabia que Nico tinha ido ao Limoeiro.

Ela resolveu não falar nada e esperar para ver se descobria mais alguma coisa. Na sexta-feira, assim que acabou a aula, Cebola foi o primeiro a ir embora. Mônica foi atrás dele, pois era o dia em que ele ficou de entregar a ideia genial. Mas, ao chegar à casa do Cebola, ele não estava lá. Ela procurou por vários lugares, e novamente, como da outra vez, Cebola tinha sumido.

À noite, Mônica mandou uma nova mensagem, mas o texto nem sequer chegou ao celular de Cebola. Ele estava fugindo dela. Mônica adormeceu, porém, disposta a pegá-lo de surpresa.

3 O futuro veio de teletransporte

Na manhã seguinte, Mônica acordou assustada com alguém jogando pedrinhas em sua janela. Para a surpresa dela, era o Nico. Ela trocou de roupa às pressas e desceu para abrir a porta para ele.

– Vamos, Mô. Eu te conto no caminho.

– Vamos aonde, Nico?

– Salvar o Cebola e a Rebeca!

Mônica foi atrás de Nico, mas ele andava tão depressa que estava quase correndo. Ela tentava acompanhar os passos do garoto e, ao mesmo tempo, procurava entender o que tinha acontecido.

– Salvar do quê? Quem é Rebeca? Aonde a gente tá indo?

– Rebeca é minha, minha... Amiga. A gente tá indo pra casa do Franja.

– Do Franja?

– Quando a gente chegar eu explico direito.

Ao chegarem lá, Nico tirou a chave do bolso, abriu o portão da garagem e deixou Mônica entrar. A garagem era uma grande bagunça, cheia de máquinas, equipamentos, peças, latas e ferramentas. Ao fundo, havia um computador, uma grande máquina e uma espécie de disco no chão.

– E aí? – perguntou Mônica.

– É... por onde começar...?

– Pelo começo, Nico! – Mônica estava ficando impaciente. – Conta logo o que tá acontecendo.

– O Franja contou para o Cebola que estava trabalhando em um protótipo de uma máquina de teletransporte – Nico apontou para a máquina ao fundo, com o computador acoplado nela.

– Teletransporte? O Franja desenvolveu uma máquina capaz de levar objetos de um lugar pra outro? – perguntou Mônica, incrédula.

– Não só objetos, mas pessoas também. Ela está em fase de testes, e não é exatamente para qualquer lugar. Tem que ser um lugar que tenha a outra ponta da máquina.

– É assim que você tem vindo pra cá, né? – Mônica estava triunfante com sua dedução. – E eu vi você mesmo na casa do Cebola das outras vezes, não vi?

– Sim, nós usamos a máquina pra viajar de Guatinga pra cá e vice-versa – respondeu Nico, um tanto derrotado ao revelar a verdade.

– Rá! Eu sabia! Eu sabia que tinha te visto, e todo mundo...

Nico cortou a amiga:

– Mô!

– Ah, sim! Desculpa. E o que aconteceu?

– Eu tenho vindo de Guatinga pra ajudar o Cebola no projeto. Ontem, Rebeca e eu viemos, só que, à tarde, nós fomos usar a máquina de novo e os dois sumiram dentro dela.

– Eles não estão em Guatinga? – questionou Mônica.

– Não! Já falei com meus amigos André, Olívia e Fred. Ninguém viu a Rebeca e muito menos o Cebola.

– Mas onde eles estão?

– Esse é o problema: eu não faço ideia. Até onde entendi, eles só poderiam ir pra outra ponta da máquina, mas pra Guatinga eles não foram. E, depois que eles usaram a máquina, ela parou de funcionar. Passei a noite tentando ligá-la.

– Eles podem estar em qualquer lugar?

– Acho que sim... – Nico estava desolado.

– Vamos falar com o Franja! – disse Mônica, decidida.

– Ele está de férias, treinamento, sei lá o quê. Está incomunicável.

– Então vamos falar com o meu professor de Ciências, o Rubens.

– Não, Mô. Acho que essa invenção do Franja é meio secreta, ninguém sabe dela. Não tenho certeza se ele tinha permissão pra fazer esse tipo de experimento...

– Se é assim, ele não deveria fazer e muito menos deixar na mão de vocês dois!

– Então, ele não deixou... Ele mostrou pro Cebola e foi viajar. Aí, o Cebola quis testar, e a gente começou.

– Nico! Eu até esperaria uma coisa dessas do Cebola, mas de você?!

– Eu não sabia! Só depois o Cebola me contou que o Franja não sabia exatamente o que tava acontecendo – Nico respondeu, um pouco envergonhado.

– Você tá me contando tudo, Nico? Porque eu tenho a impressão que não.

– O ponto é... – Nico respondeu mudando de assunto. – Precisamos dar um jeito de consertar a máquina pra trazer os dois de volta.

– Sim, tem razão. Mas você sabe o que pode ter quebrado?

– Não. Já examinei várias vezes, mas não sei!

Mônica e Nico foram até a máquina, olharam os discos no chão e nada.

– O que são esses discos?

– É onde subimos pra fazer a ligação com o outro local – respondeu Nico, mexendo na outra parte da máquina.

– Hum... e essa parte em que você está mexendo, Nico, o que é?

– Não sei muito bem, acho que dá energia pra máquina e faz a coisa acontecer.

– E você tem um trambolho desse tamanho na sua casa?

– Não! A ponta de lá tem os mesmos discos no chão, mas essa parte é bem menor, é portátil.

– Esse Franja! – Mônica mexeu no celular e pareceu triste.

– É... – respondeu Nico, sem muita animação. – Você mandou mensagem pro Cebola?

– Mandei, só que ela nunca chegou ao celular dele.

– É, as minhas também não – Nico fez uma pausa. – Sabe, eu desconfio que seja a energia, mas não tenho certeza.

– Eu não sei arrumar esse treco, Nico! O que a gente faz?

– Já sei! Vou fazer o que faço quando algo que eu não sei acontece.

– Se você apelar pra sorte, depois de tantos anos, eu vou apelar pro Sansão.

Nervoso, Nico riu e respondeu:

– Não, não! Meu avô. Ele é bom em sugerir ideias. Mas não pode saber que não estou em Guatinga. Então, não fala nada.

Nico ligou para o avô Amadeu, que ficou surpreso com o contato do neto num sábado de manhã. O garoto explicou que ele e um amigo estavam com uma máquina quebrada e não sabiam consertá-la.

– Chama um técnico – sugeriu.

– Não tem nenhum disponível. Foi a primeira coisa em que pensamos, né, vô? – respondeu Nico rindo.

– Bom, então alguém bom com máquinas desse tipo ou, pelo menos, máquinas em geral. Alguém que entenda como essas coisas funcionam.

Nico se animou e deu um pulo de alegria.

– É isso, vô! Já sei com quem falar! Obrigado, depois conversamos mais – e Nico desligou o telefone.

– E aí, Nico? – Mônica estava ansiosíssima.

– Meu amigo André adora coisas de tecnologia, ciências, é cheio de aparelhos eletrônicos. Ele pode ajudar a gente. E ele sabe da existência da máquina.

4 A mensagem do outro lado do mundo

Nico e Mônica fizeram uma videochamada com André, que só atendeu depois de muita insistência, já que ainda estava dormindo.

– Pô, André, que demora! – reclamou Nico.

– É sábado de manhã, cara – bocejou André.

– Essa é a Mônica – Nico falou e apontou o celular para a amiga.

Mônica deu um tchauzinho e só então André percebeu que tinha mais alguém junto com Nico.

– Oi... – falou meio sem graça.

– André, se lembra da máquina de teletransporte?

– Sim... – ele respondeu bocejando novamente.

– Da última vez que a usamos, Cebola e Rebeca foram parar em algum lugar, que não sabemos onde é, e eu não consigo fazer a máquina funcionar de novo.

– Você precisa ajudar a gente – suplicou Mônica.

– Eita! Como eles sumiram? – quis saber André. – Por isso você ligou pra todo mundo ontem perguntando da Rebeca!

– Não tenho ideia de como sumiram. Sim, foi por isso – respondeu Nico, que começou a ficar impaciente.

– Mas onde será que... – começou a divagar o amigo.

– André, a máquina! Precisamos consertá-la! Aí podemos ter uma ideia melhor.

– Tá, tá, verdade! Me mostre a máquina com a câmera e como você faria pra ligá-la.

Mônica passou a segurar o celular, enquanto Nico mostrava como fazia tudo, o programa que rodava no computador, os botões que apertava, como iniciava tudo até a parte que ela não funcionava. André pediu para Nico abrir um dos painéis na parte maior da máquina e depois outros painéis menores.

Após um tempo diagnosticando o problema, André deu o veredito:

– Pessoal, a máquina tem uma espécie de bateria que produzia parte da energia dela, e acho que está queimada.

– Eu falei que achava que era energia... – respondeu Nico, tentando não mostrar sua frustração na voz. – E agora?

– Eu ajudo vocês a instalarem um cabo na máquina pra fazer a coisa mais simples.

– Que é...? – quis saber Mônica.

– Ué, ligar na tomada!

E assim eles fizeram. André foi dando as instruções, e Nico, com a ajuda de Mônica, especialmente para mover peças mais pesadas, instalou uma fonte para puxar energia da tomada, conectou o cabo na tomada da parede, ligou a máquina e....

Puft!

A energia da casa foi embora, o que incluía a internet e a videochamada com André. Nico correu para religar os disjuntores da casa, mas nada fez efeito. Ele e Mônica saíram da garagem e perceberam que a energia da rua também tinha acabado. Ou seja, eles derrubaram a energia da rua inteira, talvez de todo o bairro do Limoeiro!

Nico e Mônica voltaram arrasados para a garagem.

– E agora? – quis saber Mônica.

– Não faço ideia. Temos que esperar a energia voltar, mas não podemos usar a da cidade: temos que pensar em outra coisa.

– Qual? – Mônica estava cada vez mais preocupada.

– E a gente tem outro problema.

– Mais um, Nico?

– As pessoas vão começar a dar falta do Cebola, da Rebeca e de mim! Eu tinha que estar em Guatinga! Além disso, nenhum de nós dormiu. Eu ainda consegui avisar meus pais, só que o Cebola e a Rebeca não.

Os dois sentaram no chão, encostados na máquina, e ficaram um tempo pensando.

– Vou falar pro Cascão dizer que o Cebola estava na casa dele – sugeriu Mônica.

– Boa.

– Mas aí teremos que contar tudo pra ele.

– Acho que é o jeito – respondeu Nico.

A energia voltou um tempo depois, o que não serviu de nada para animar os dois. Nico se reconectou com a internet do Franja e, quando ia ligar de novo para André, viu que tinha recebido uma mensagem de voz.

– Mô! Uma mensagem do Cebola!

Os dois pegaram o celular de Nico para ouvir.

– Nico! Cara, você precisa ajudar a gente. Me dói admitir, mas você tinha razão. A Rebeca e eu estamos bem! – Cebola falava baixo e estava um pouco ofegante.

– Na medida do possível – falou Rebeca, ao fundo.

– Viemos parar na Ásia, naquele lugar que reparamos que tinha taxas elevadas de energia. Acontece que um jovem cientista, um tipo maluco igual ao Franja...

– Ele se chama Xang – completou Rebeca.

– Isso – continuou Cebola. – Ele estava fazendo uns experimentos com o teletransporte também. Só que, pra máquina dele funcionar, o Xang resolveu usar a energia de uma base militar! Pensa! De uma base militar! Quando ligamos a máquina no Limoeiro, por algum motivo, Rebeca e eu viemos parar aqui, e não em Guatinga. Agora, os militares estão atrás dele e, como viemos parar dentro da base, da gente também! Estamos fugindo, a base militar é gigantesca, mas podemos ser pegos a qualquer momento, e quase nunca conseguimos usar a internet daqui. Você precisa dar um jeito de levar a gente de volta. Tenho que ir, eles estão vindo.

E assim terminou a mensagem de Cebola. Nico e Mônica a ouviram mais uma vez. Mônica fuzilou Nico com o olhar.

– Nico, tenho a impressão de que você não me contou a história inteira...

– É... faltaram umas partes...

A parte que faltava

5

– Há algumas semanas, o Cebola me procurou porque ele realmente queria ajuda para fazer o projeto da feira de ciências e tecnologia – começou a contar Nico. – Ele tinha tido uma ideia de usar as informações disponíveis dos satélites pra medir o consumo de energia do bairro.

– Então, é verdade?

É, sim! Ele conseguiu fazer a programação pra medir, mas ainda precisava de outras ferramentas pra tornar aquilo um aplicativo que pudesse ser usado pelas pessoas, empresas ou até mesmo órgãos do governo. Foi aí que eu entrei. Começamos a conversa por mensagem.

– Ainda não me conformo de você nem ter falado nada comigo! Eu sou sua amiga há muito mais tempo que ele!

– Eu ajudei o Cebola com todos os passos – continuou Nico, fingindo que não tinha ouvido a amiga. – Diagnosticar o que ele queria, do que precisava para tirar do papel, qual era o sonho, quanto ia custar, se ele conseguiria bancar isso e como juntar os recursos. Até que, algumas semanas depois, ele falou pra mim que tinha uma novidade incrível e tinha me mandando uma surpresa pelo correio. Recebi uma caixa enorme e, quando a abri, não entendi nada. Naquela noite, Cebola me contou sobre a máquina de teletransporte e me enviou uma parte dela pra eu montar em Guatinga.

– Mas, Nico, a gente pode usar a máquina pra ir pra qualquer lugar?

– Essa foi a primeira pergunta que eu fiz pro Cebola – Nico riu. – Ele explicou que só para onde tivesse a outra "ponta" da máquina. Bom, nós testamos e eu fui a cobaia. Entrei na máquina, acionei o mecanismo e, segundos depois, com uma sensação muito esquisita...

– Esquisita? – Mônica interrompeu Nico.

– Eu fui teletransportado, Mônica! A sensação é esquisita! Bom, logo depois, eu estava na garagem do Franja! Cebola estava me esperando radiante e me contou o resto da história. Ele estava testando o programa que media o uso de energia e começou a se deparar com uma quantidade muito alta em um ponto específico do Limoeiro. Ele achou que deveria ser um defeito no programa e resolveu ir até o local pra ver o que havia, e era a casa do Franja.

– Óbvio que o Franja estava aprontando alguma com as suas invenções – interrompeu Mônica.

– Quase isso – continuou Nico. – Os dois conversaram, Cebola contou do seu programa e Franja ficou superinteressado nele. O Franja queria fazer mais alguns testes e fez a instalação no computador dele. O Cebola achou ótimo. Afinal, o Franja seria uma ótima pessoa pra testar também e, de repente, ajudar a melhorar o aplicativo. Mas o Cebola, curioso como é...

– Eu bem sei!

– Ele queria saber o que Franja estava fazendo que consumia tanta energia. O Franja contou da máquina e fez um teste dentro da própria garagem, já que a outra ponta da máquina ainda estava no Limoeiro, antes de o Cebola mandar pra minha casa.

– Pensa no valor dessa conta de luz, Nico! Quero só ver! O Franja vai passar anos trabalhando no museu pra pagar...

– Daí, dias depois, o Franja entrou de férias, e o Cebola resolveu que era hora de testar a máquina de verdade. Ele começou sozinho, só que, nas nossas reuniões por videochamada, percebia que Cebola estava mais preocupado com outras coisas e não tinha feito nada do que tínhamos combinado pro projeto.

– Bem a cara do Cebola!

– O Cebola, então, resolveu me mandar a máquina pra fazer o teste de uma distância maior. Começamos a usar o teletransporte quase todos os dias. Eu vinha para cá e, às vezes, ele ia pra Guatinga. Comecei a pegar no pé do Cebola pra ele terminar o programa de monitoramento energético. Nesse meio tempo, foi quando você me viu na casa dele e tive que me esconder na cozinha!

– Eu sabia que não tinha visto coisas! Eu sabia!

– Na semana passada, enquanto monitorávamos as energias, Cebola resolveu testar outras partes do mundo. Aí, percebeu que os gastos mudavam de acordo com as cidades e que era sempre proporcional aos locais: se tem população maior ou indústria, coisas assim. Mas Cebola achou um local meio isolado na Ásia que puxava muita energia, muito mais que qualquer outro ponto, e ficou desconfiado que talvez ali tivesse outra máquina de teletransporte.

– Já até imagino o que aconteceu... ele já quis se meter! E você não fez nada? Nico, como...

– Mônica! Termina de ouvir!

– Tá, tá!

– Nós discutimos, ele queria mudar as coordenadas para aquele ponto e ver se dava certo, mas eu achava melhor não. Nós nem sabíamos quem estava do outro lado, se é que tinha mesmo alguém lá. Esse foi o dia em que você achou a gente na garagem do Franja.

– Ahá!

– Na sexta à tarde, a Rebeca e eu usamos a máquina de Guatinga pro Limoeiro. Queríamos testar se a máquina funcionava com mais pessoas ao mesmo tempo, e como ela sabe de tudo, por ser minha... Minha amiga.

– Amiga? Sei...

– Eu a chamei. Quando chegamos, o Cebola começou a falar sobre fazer o teste na Ásia. Rebeca achou a ideia ótima, eu não. Ele programou a máquina, tivemos uma discussão, Rebeca acionou a máquina e os dois entraram no teletransporte. Tentei desligá-la, mas acho que, pra transportar até a Ásia, a energia necessária foi bem maior do que a que usávamos sempre, e acabou queimando o circuito interno, como o André falou. E, desde então, os dois sumiram.

– Bom, agora com a mensagem sabemos que estão mesmo na Ásia – pontuou Mônica.

6 Dá errado antes de dar certo

– Foi isso o que aconteceu. Essa é a história inteira.

– Ah, você só não tinha me contado uns "pequenos" detalhes, né, Nico? – Mônica estava furiosa.

– Desculpa... – falou Nico, cabisbaixo.

– Desculpa? Como vocês puderam ser tão irresponsáveis? Agora, os dois estão na Ásia! Numa base militar que não sabemos onde fica! E a gente tem que consertar uma máquina que fez a luz do bairro inteiro cair.

– Eu sei, Mô, mas temos que nos concentrar em achar a solução, e não apontar culpados.

– Claro, né? Tem duas pessoas aqui, a culpa não é minha, logo... O culpado é você!

– Vou ligar de novo pro André. Quem sabe ele tenha alguma ideia de como ligar a máquina, onde achar energia o bastante pra ela.

– Faz isso. Eu vou atrás do Cascão e da Magali pra eles ajudarem a gente a encobrir o sumiço do Cebola e, quem sabe, pensar em algo.

– Beleza – respondeu Nico.

– Ah! E essa Rebeca, Nico? Se ela já não é sua namorada, está bem óbvio que você queria que fosse – Mônica saiu pisando duro.

Nico ficou vermelho com o comentário, mas não disse nada. Pouco tempo depois, os três chegaram à garagem do Franja. Mônica já tinha contado para eles uma versão resumida dos fatos. Nico estava falando novamente com André por videochamada.

– É isso, Nico – concluiu André. – Vocês precisam achar uma fonte de energia que não seja dividida com o bairro inteiro. Uma fonte própria, como a máquina tinha, uma grande bateria. Com o tanto de energia que essa máquina puxa, o ideal seria uma usina só de vocês.

– Usina? – repetiu Magali, olhando para o Cascão.

Cascão olhou para a Magali e os dois sorriram.

– André? – perguntou Cascão. – Você acha que uma miniestação de energia funciona?

Mônica entendeu do que eles estavam falando:

– O projeto!

– Sim! – responderam juntos Magali e Cascão.

– Caras, me perdi – falou Nico. – Do que estão falando?

– Nosso projeto é construir uma miniestação de energia com fontes renováveis: placas solares, energia eólica, combustão de detritos orgânicos – explicou Magali.

– E a gente já começou a montar, porque fazer tudo isso só em duas pessoas demora, né? – falou Cascão, com uma cutucadinha na Mônica.

– Olha, acho que pode funcionar – se animou André. – E onde ela tá montada?

– Esse é o problema – desanimou Magali. – Cada coisa tá num lugar.

– Bom – falou Mônica. – Vamos trazer tudo e montar aqui.

– Beleza – concordou Cascão. – Mas como vamos trazer tudo?

– Acho que consigo carregar – sorriu Mônica. – Eu sou um pouquinho forte.

Todos deram risada, menos André, que não conhecia a superforça da garota. Mônica, Magali, Cascão e Nico foram buscar os materiais necessários para a miniestação de energia. Nico ficou surpreso ao ver o que eles tinham juntando, inclusive itens reutilizáveis.

Eles passaram o resto do dia carregando e montando as coisas e só terminaram no domingo. Todos evitavam falar sobre isso, mas desejavam muito que Cebola e Rebeca estivessem bem.

Os amigos teriam que esperar mais alguns dias até carregar energia suficiente na miniestação. Além disso, alguns eventos precisavam ocorrer, como muito vento para a energia eólica e muitos detritos da cidade, sobre os quais eles já tinham conversado com os garis responsáveis pela coleta do bairro a fim de que eles separassem para a turma alguns materiais. Mônica e os outros estavam ansiosos, até que na quarta-feira, finalmente, André achava que os níveis gerados de energia seriam suficientes para fazer a máquina funcionar.

Eles a ligaram e esperaram um pouco, mas nada de o Cebola ou a Rebeca aparecerem.

– Mas, pessoal, se eles estavam fugindo – começou Nico.

– Não estão ao lado da máquina pra saber que já podem ligá-la. – concluiu Magali, desanimada.

– É melhor a gente parar e pensar no que fazer, sem gastar energia à toa – apontou Nico.

– Só tem uma saída – disse Mônica. – Eu vou lá resgatar os dois.

– Por que você? – quis saber Nico. – Se alguém tem que ir, sou eu. Afinal, a Rebeca também está lá e parte dessa confusão é minha culpa.

– Porque eu sou forte! Vai saber o que será preciso...

– Quem é Rebeca? – cochichou Magali para Mônica.

– Namorada dele – respondeu Mônica com um sorrisinho.

– Gente! Temos coisas mais urgentes aqui! – Nico mudou de assunto no mesmo instante.

– Acho que é arriscado ir só uma pessoa – ponderou Cascão, já levantando e se mostrando pronto. – Vamos todos.

– Não – respondeu Mônica. – Precisamos de um time aqui pra controlar a máquina, se algo der errado ou até pra chamar reforços.

– Então, vamos Nico e eu – disse Mônica. – Cascão e Magá, vocês ficam de apoio.

– Tive uma ideia – falou Nico, já abrindo outro programa no computador acoplado à máquina. – Estão vendo? Esse é o programa que o Cebola desenvolveu que mostra os gastos de energia.

– Pô, maneiro! O Careca mandou muito bem – Cascão ficou surpreso e se aproximou do computador para entender melhor.

– Esse ponto mais luminoso no globo terrestre mostra o local onde está a máquina em que o Cebola e a Rebeca foram parar. A luz acesa mostra que ela está funcionando – disse Nico.

– Isso é um bom sinal! – comemorou Magali.

– Pra nossa máquina não ficar ligada à toa, vocês mandam a Mônica e eu pra lá e depois a desligam.

– Ah, Nico! Entendi o que você vai fazer! – se animou Mônica. – Eu e o Nico vamos procurar o Cebola e a Rebeca.

– Antes disso, a gente vai desligar a máquina de lá. Aí, vocês vão ver aqui no painel que a energia cessou. Quando a gente encontrar os dois e conseguir chegar até a máquina, a ligaremos de novo – continuou Nico. – E vocês vão ver aqui no monitor uma energia muito diferente.

– Aí saberemos que é a hora de ligar a máquina de novo! – concluiu Magali.

– Exatamente! – respondeu Nico.

Nico mostrou para o Cascão e para Magali como operar a máquina, quais botões apertar, e deixou os contatos de André, que poderiam ser necessários em uma emergência. Mônica e o amigo se prepararam, entraram no disco do teletransporte, Cascão acionou os comandos e...

Uma rota de fuga 7

Mônica e Nico se viram dentro de uma máquina bem mais sofisticada do que a do Franja, numa sala branca, e muito grande. Mas parecia que a máquina não pertencia àquele lugar. Nas paredes existiam uns armários, bancadas com várias ferramentas e computadores.

– E agora? – sussurrou Mônica.

– Vamos sair daqui e procurar os dois – respondeu Nico.

– Espera! – Mônica barrou Nico antes dele abrir a porta. – Temos que dar um jeito de marcar nosso caminho. Vai saber como é esse lugar! O Cebola disse que era grande.

Nico pegou seu celular, mas desanimou.

– Sem sinal.

– Acho que a gente tem que usar algo mais simples – respondeu Mônica.

– Tipo o quê?

– Pensei em algo como João e Maria...

– Jogando migalhas de pão no chão pra marcar o caminho?

– Não, né, Nico! Outra coisa – insistiu Mônica e foi fuçando nas coisas da sala. – Olha, podemos usar esses parafusos.

– É, pode ser – respondeu Nico, ressabiado.

– Não é a melhor ideia de todas, mas você tem outra melhor?

– Não, vamos fazer isso, Mô.

– Espero que não tenha nenhum guarda do lado de fora da porta.

Os dois saíram rápido e, para a sorte deles, a porta dava em um corredor também branco, que estava vazio.

– Estou me sentindo dentro de um filme de ficção científica ou de guerras intergalácticas, como um Tauó – Nico argumentou, pelo excesso de salas e pelas paredes brancas.

– É – Mônica olhava de um lado para o outro. – E pra que lado nós vamos?

Nico apontou para a direita.

– Tá, mas não podemos nos esquecer dos parafusos – eu jogo primeiro; quando os meus acabarem, você usa os que pegou, beleza, Nico?

– Fechado.

Os dois foram andando pelos corredores da instalação militar, que parecia um verdadeiro labirinto. A cada passo, Nico agradecia mentalmente a ideia maravilhosa de Mônica de usar os parafusos. Assim, os amigos poderiam voltar para a sala com a máquina e ainda saberiam por onde já tinham passado.

Eles andaram por várias horas, quase deram de cara com algumas pessoas, mas conseguiram se esconder ou desviar a tempo. Até que chegaram a um impasse: uma porta que dava para fora do edifício.

Eles deveriam procurar em outros prédios ou se manter no que estavam? Decidiram procurar em outros, pois já tinham vasculhado boa parte do complexo e não tinham achado nenhuma pista de Cebola, Rebeca ou qualquer jovem cientista.

Já era noite e eles aproveitaram que estava escuro para se mover com maior liberdade; só que ficaram desanimados ao perceberem que tinha dezenas de prédios iguais àquele de onde tinham acabado de sair.

– A gente não tem outra escolha: temos que achar os dois – Mônica tentava convencer mais a si mesma do que ao amigo.

– Tá, vamos por ali – Nico indicou o prédio mais próximo.

– Meus parafusos acabaram, Nico.

Nico começou a usar os dele e pensou que seria bom encontrarem outra sala com ferramentas, pois, se continuassem assim, teriam que usar muitos, muitos parafusos para marcar o caminho.

Caminhando sorrateiramente e espiando em algumas portas, eles ouviram sussurros vindos de uma delas e ficaram paralisados de medo. Os dois não conseguiam ver o que tinha lá dentro, pois a porta dava numa saleta para outra sala. Até que Mônica encostou o ouvido na outra porta.

– Nico, isso é... Português! Tem alguém falando português – sussurrou Mônica.

– Devem ser eles! – Nico falou tão baixo que a própria Mônica quase não ouviu.

– Arriscamos e entramos? – perguntou a garota.

– Acho que sim.

Com a mão um pouco trêmula, Mônica girou a maçaneta e... Segundos depois alguém se atirou nos braços dela: era Cebola. Rebeca também correu para abraçar Nico, que ficou vermelho e risonho.

– Até que enfim – reclamou Cebola. – Que demora!

– Você não tem ideia do que tivemos que fazer pra conseguir chegar aqui – contestou Nico.

– Aquele ali é o tal cientista? – perguntou Mônica, apontando para o fundo da sala.

O jovem rapaz levantou e se aproximou.

– Galera, esse é o Xang – Cebola apresentou o cientista para os dois.

Xang falou em mandarim e um aparelho em sua mão traduziu para o português:

– Olá, sejam bem-vindos.

– Olha, a última coisa que eu tô me sentindo é bem-vinda aqui – falou Mônica.

– Vamos embora? – perguntou Nico.

– Demorou! – respondeu Rebeca, entusiasmada.

Xang falou alguma coisa que seu aparelho traduziu em seguida:

– Como vamos? E para onde?

– Ué! Com a máquina de teletransporte – respondeu Nico.

– Vocês acharam a máquina? – perguntaram Cebola e Rebeca.

– E a gente chegou aqui como? – respondeu Mônica, sarcástica.

– Assim que chegamos aqui, tivemos que fugir do laboratório do Xang, pois os militares apareceram. O laboratório dele ficava aqui do lado da base militar. A gente viu o pessoal pegar a máquina e trazê-la pra cá, mas não sabíamos pra qual dos prédios. Desde então, estamos procurando – explicou Cebola.

– Tá no prédio aqui do lado – falou Nico.

Os cinco saíram da sala e seguiram os parafusos que Nico e Mônica deixaram no chão para acharem a saída do edifício. Correram para chegar até o outro prédio, passaram pela porta e começaram a seguir os parafusos, até que ouviram passos e vozes. Alguns militares estavam correndo atrás deles. Eles corriam o mais rápido que podiam, Mônica ia na frente, sendo guiada pela sua trilha de João e Maria; Nico e Rebeca iam atrás, seguidos por Cebola e Xang. Eles viraram à direita, depois à esquerda, passaram por um corredor longo, sempre com os militares a poucos passos, até que se aproximaram da sala branca.

– Gente! A sala com a máquina tá ali na frente! Será que conseguimos entrar e deixá-los pra fora? – gritou Mônica para os amigos que estavam atrás dela. – Ou é melhor não entrar agora?

– Entra, Mô! Temos que tentar – gritou Cebola. – Eles vão pegar a gente de qualquer jeito se não entrarmos! É a nossa melhor chance!

Mônica sabia que Cebola estava certo. Ela entrou, seguida por Nico, que foi logo acionando a máquina. Rebeca também passou; quando Cebola estava quase na porta, Xang gritou pelo tradutor:

– Vão vocês! Eu seguro eles! É comigo que eles querem falar mesmo.

– Não, Xang! Vem com a gente! – falou Cebola.

– Vão vocês, senão eles pegarão todos nós.

Mônica sabia que Xang tinha razão. Por isso, puxou Cebola para dentro da porta e gritou:

– Valeu, Xang! A gente tenta voltar depois!

Mônica trancou a porta, e todos se posicionaram dentro da máquina.

– Agora é esperar o Cascão e a Magali perceberem a alteração de energia – disse Nico para si mesmo.

– Vocês contaram pra eles também? – perguntou Cebola.

Mônica estava pronta para responder quando...

8 Se correr o bicho pega e se ficar...

Os quatro foram teletransportados em segurança para a garagem de Franja, no Limoeiro. Eles saíram da máquina felizes, comemorando, até perceberem que Magali e Cascão não pareciam empolgados. Ao lado deles estava o Franja, com uma expressão bastante séria.

– Cebola, você pode me explicar o que você andou aprontando enquanto eu estava de férias? – falou Franja, cruzando os braços.

– Longa história, Franja, longa história... – respondeu Cebola, cabisbaixo.

– Já que eu tive que voltar antes por sua causa, pode começar a se explicar.

– Como você ficou sabendo que eu usei sua máquina? – quis saber Cebola.

– Da mesma forma que você, usando seu programa de medição de energia – respondeu Franja. – Eu estava mostrando o funcionamento para os outros cientistas e percebi que picos altíssimos de energia vinham da minha casa! Imaginei que tinha alguma confusão envolvida.

– É... foi mal, Franja – disse Cebola. – Mas eu queria testar e precisava do Nico.

– Então você resolveu invadir minha garagem e usar minha invenção mais preciosa – nessa hora, Franja fez até um carinho na máquina. – Sem o meu consentimento.

– É uma maneira de encarar. Eu diria que fiz isso em nome da ciência. Veja bem, agora sabemos que o teletransporte funciona para lugares bem mais distantes do que de uma ponta à outra da sua garagem. E que transporta muitas pessoas.

Com o argumento de Cebola, Franja até deu um sorrisinho, mas o desfez rapidamente.

– Tá, só que podia ter colocado a vida de todos vocês em risco!

– Tem toda a razão, Franja.

– Agora, sem me enrolar, pode ir me contando tudo o que aconteceu – descontraiu Franja.

Cebola, com a ajuda de Nico, Mônica e Rebeca e algumas vezes até do Cascão e da Magali, que não queriam ser deixados de fora da aventura, contou todo o ocorrido, desde o primeiro uso da máquina até Xang se sacrificando em nome deles.

– Pô, fico mal em pensar no Xang. O que será que vai acontecer com ele? – questionou Cebola.

– A gente precisa voltar lá pra salvá-lo – bradou Mônica, e todos os outros concordaram.

– Nada disso! – enfatizou Franja. – Entrar novamente, e sem autorização, numa base militar em um lugar remoto na Ásia? Vocês estão loucos? Esse Xang é maior de idade e sabe com quem está lidando. Vocês não. Depois vou tentar descobrir quem ele é e entrar em contato. Agora, ninguém vai a lugar algum.

Os seis jovens ficaram bem quietos, pois sabiam que tinham errado e não teriam argumento para usar a máquina novamente.

– Aliás, as únicas pessoas que vão usar são o Nico e a Rebeca. Vocês devem voltar para Guatinga agora, pois as suas famílias devem estar preocupadas.

Nico mandou mensagem para o André ligar a máquina de teletransporte na casa do pai de Nico e, assim que ela começou a funcionar, Nico e Rebeca se despediram de todos:

– Tchau, pessoal. E foi mal, Franja. Desculpa por toda a confusão.

Franja apertou a mão dele. Rebeca também se despediu.

– Ah! – lembrou Nico, instantes antes de ir. – Não entendi uma coisa: o Xang falava português? O tradutor convertia a fala dele, mas como ele escutava?

– Ele tinha um fone de ouvido. O tradutor mandava pra ele o que estávamos falando – respondeu Cebola.

– Ah, faz sentido. Tchau, galera. – Nico se despediu mais uma vez.

– Manda notícias, Nico! – pediu Mônica.

Nico e Rebeca entraram na máquina e desapareceram. Momentos depois, Nico mandou mensagem, avisando que os dois haviam chegado bem em Guatinga.

– Interessante esse tradutor do tal de Xang – comentou Franja.

– Franja, ele é sua alma gêmea científica oriental! Você precisa conhecê-lo – falou Cebola.

– Tá, tá, agora me deixem organizar essa bagunça que vocês fizeram.

– Foi mal, Franja. Desculpa. A gente vai indo – se despediu Mônica.

Todos se levantaram e saíram da garagem.

– Ei! – Franja os chamou de volta. – De quem foi a ideia de montar e usar essa miniestação de energia?

– Ah, foi um pouco de cada um – respondeu Cascão.

– Bem legal – falou Franja, impressionado. – Sabe, talvez vocês tenham uma veia científica.

– Acho que não é pra tanto, Franja – Magali riu enquanto saía da garagem com a turma.

– Ah, quando eu souber alguma coisa do tal Xang, aviso vocês.

Os quatro foram embora, cada um para sua casa. Dias depois, Franja procurou por eles no fim da tarde e contou que conseguiu entrar em contato com Xang e as notícias eram as melhores possíveis:

– No final, os militares só queriam entender o trabalho. Eles acharam a máquina de teletransporte e outras invenções geniais e resolveram financiar as pesquisas do Xang. Além, claro, de terem perdoado o fato de ele ter roubado energia da base militar e entrado lá sem autorização.

Todos ficaram felizes e aliviados com a notícia.

– O que você fez, Cebola, foi bem errado.

– Eu sei Franja, foi mal.

– Poderia ter dado muito errado, muito mesmo – continuou Franja.

– Eu falei que o Cebola estava aprontando algo – sussurrou Mônica para Cascão e Magali.

Cebola, que ouviu o comentário, olhou feio para Mônica.

– Mas pelo menos existiram vários pontos positivos – comentou Franja, bem mais animado. – Conheci o Xang, agora sabemos que o teletransporte pode ser feito para qualquer ponto do planeta e vocês puderam testar a miniestação de energia.

– Por falar nisso, Franja – Cascão falou sem graça – a gente sabe que você gostou da nossa miniestação e que está usando ela e tal... Mas a gente vai precisar de volta.

Foi como tirar um doce da mão de uma criança. A expressão de Franja mudou na hora.

– Jura? Por quê?

– Porque precisamos ajustá-la e apresentá-la na feira de ciências e tecnologia – respondeu, também sem graça, Magali.

– Mas a gente pode ajudar a construir uma para você. Eu dou uma forcinha – piscou Mônica.

– Combinado.

9 Tecnologia para dar e vender

O dia da feira de ciências e tecnologia estava se aproximando, e todos estavam muito ansiosos.

– Não vai dar tempo de preparar tudo!

– Vai, sim, Mô. Relaxa.

– Relaxa, Cebola? É tudo culpa sua!

– Tudo graças a mim! – riu Cebola.

– Como assim?

– Magá, se vocês não tivessem precisado me resgatar, não teriam testado e visto que a miniestação de energia estava funcionando!

– Sempre convencido, né, Careca?

Eles decidiram pedir a ajuda de Nico para administrar o tempo que restava e organizar os últimos detalhes.

– Galera, é só dividir bem as tarefas. Primeiro diagnostiquem tudo o que vocês precisam fazer, depois dividam as funções entre vocês. Vai dar tempo! – falou Nico, confiante, por uma das muitas videochamadas que fez com os quatro amigos.

Os quatro trabalharam muitas horas, todas as tardes e parte das noites, para terminar a tempo. Até Franja deu uma ajudinha, com dicas para o grupo.

– Não se esqueçam de ajustar alguns itens. Vocês montaram a miniestação de energia pensando na máquina de teletransporte. Agora, precisam ajustar as forças para um tamanho menor, como os cata-ventos de energia eólica.

Enquanto trabalhavam, Cascão deu uma ideia:

– E se, além da energia limpa, o nosso projeto oferecesse algo a mais?

– Como o quê, Cascão?

– Pensa só, Mô. Se juntarmos a miniestação com o aplicativo do Careca, as empresas, os governos ou as comunidades poderiam diagnosticar os locais em que mais energia são gastas, e depois teriam opções para substituir uma parte dela, comprada de maneira tradicional, pela nossa miniestação com uma fonte própria, renovável e limpa de energia.

– Demais! – concordou Magali.

– Genial, nós vamos ganhar essa feira! – bradou Cascão.

– Eu salvando o grupo de novo! – Cebola disse gargalhando.

– Cebola, você está pedindo... – avisou Mônica.

Apesar da correria, no dia da inauguração da feira o trabalho dos quatro estava pronto, e o resultado foi um sucesso. O professor Rubens ficou encantado com o projeto da turma.

– Vocês fizeram algo brilhante – comentou o professor Rubens. – Usaram vários tipos diferentes de fontes energéticas, e todas renováveis. E sabem de uma coisa? Poderiam ter usado também uma forma da qual quase ninguém se lembra.

– Qual, professor? – quis saber Cascão, intrigado.

– A do nosso próprio corpo! – respondeu o professor, rindo. – Ninguém se lembra disso, mas nosso corpo é uma usina de energia e a produz ininterruptamente.

ELES DECIDIRAM PEDIR A AJUDA DE NICO PARA ADMINISTRAR O TEMPO QUE RESTAVA E ORGANIZAR OS ÚLTIMOS DETALHES.

- GALERA, É SÓ DIVIDIR BEM AS TAREFAS. PRIMEIRO DIAGNOSTIQUEM TUDO O QUE VOCÊS PRECISAM FAZER, DEPOIS DIVIDAM AS FUNÇÕES ENTRE VOCÊS. VAI DAR TEMPO! - FALOU NICO, CONFIANTE, POR UMA DAS MUITAS VIDEOCHAMADAS QUE FEZ COM OS QUATRO AMIGOS.

– Ah, professor, mas nós a usamos!

– É mesmo, Cebola?

– Pensa só na força da Mônica pra montar todas essas peças pesadas!

Todos riram e concordaram. Os outros professores e alunos também ficaram impressionados com a miniestação de energia e, ao fim da semana, depois de os professores, especialistas e visitantes da feira votarem, o projeto de Mônica, Cebola, Magali e Cascão foi o vitorioso!

– Gente, isso merece uma comemoração!

– Com certeza, Mô! – concordou Cebola.

– Vamos fazer uma festinha!

– Boa, Magá, mas a gente tem que chamar todos os envolvidos – comentou Cascão.

– Será que o Franja topa?

– A pergunta, Mô, é: será que o Franja topa emprestar a máquina só mais uma vez pra trazer o Nico, a Rebeca e o André pra comemoração? – quis saber Cebola.

E, depois de insistir muito, o jovem cientista concordou em deixar os três amigos de Guatinga usarem o teletransporte.

A festa tinha até tema, contra o qual Cascão relutou um pouco: fundo do mar, já que todos eles estavam ansiosos por fazer a viagem que ganharam como prêmio na feira.

– Galera! – chamou Mônica. – Quero falar uma coisa.

– Discurso! – gritou Cebola.

– Sério, depois de tudo o que aconteceu, todas as dificuldades pra colocar esse projeto em pé e ainda vencermos, tenho certeza de uma coisa: se realmente acreditarmos nos nossos sonhos, focarmos e seguirmos os passos corretos, nós todos conseguiremos!

– Aee! – todos comemoraram.

– Falou tão bem que vou pedir pro meu vô adotá-la como neta postiça – comentou, rindo, Nico.

Todos riram e continuaram aproveitando a festa, ansiosos pela chegada do dia da viagem à estação subaquática.

– SE REALMENTE ACREDITARMOS NOS NOSSOS SONHOS, FOCARMOS E SEGUIRMOS OS PASSOS CORRETOS, NÓS TODOS CONSEGUIREMOS! – DISSE MÔNICA.

Dados Internacionais De Catalogação Na Publicação (CIP)
(Câmara Brasileira Do Livro, SP, Brasil)

Domingos, Reinaldo

O sumiço do cebola / Reinaldo Domingos ; ilustração Mauricio de Sousa. -- 1. ed. -- São Paulo: Editora DSOP, 2017.

ISBN 978-85-8276-286-8

1. Finanças - Literatura infantojuvenil

I. Sousa, Mauricio de. II. Título.

17-03006 CDD-028.5

Índices para catálogo sistemático:
1. Educação financeira: Literatura infantil 028.5
2. Educação financeira: Literatura infantojuvenil 028.5

Presidente
Reinaldo Domingos

Diretora pedagógica
Ana Rosa Orellana Vilches Soprani

Editora de arte
Christine Baptista

Preparadora de texto
Renata de Sá

Roteirista e redatora
Daniela Nascimento

Revisor
Andrei Sant'Anna

editora dsop

Av. Paulista, 726 – Cj. 1210 – Bela Vista
CEP: 01310-910 – São Paulo – SP
Tel.: 11 3177-7800

Estúdios Mauricio de Sousa

Presidente: Mauricio de Sousa

Diretoria: Alice Keico Takeda, Mauro Take
e Sousa, Mônica S. e Sousa

Mauricio de Sousa é membro da Academia Paulista de Letras (APL)

Diretora Executiva
Alice Keico Takeda

Direção de Arte
Wagner Bonilla

Diretor de Licenciamento
Rodrigo Paiva

Coordenadora Comercial Editorial
Tatiane Comlosi

Analista Comercial
Alexandra Paulista

Editor
Sidney Gusman

Revisão
Ivana Mello

Editor de Arte
Mauro Souza

Coordenação de Arte
Irene Dellega, Maria A. Rabello, Nilza Faus

Produtora Editorial Jr.
Regiane Moreira

Desenho e Layout
Lino Paes

Cor
Giba Valadares, Kaio Bruder,
Marcelo Conquista, Mauro Souza

Designer Gráfico e Diagramação
Estúdios Mauricio de Sousa

Supervisão de Conteúdo
Marina Takeda e Sousa

Supervisão Geral
Mauricio de Sousa

MAURICIO DE SOUSA EDITORA

Condomínio E-Business Park
Rua Werner Von Siemens, 111 - Prédio 1
Espaço 01 - Lapa de Baixo – São Paulo/S
CEP: 05069-010 - TEL.: +55 11 3613-5000